Inhalt

Branchenreport ENERGIE & ROHSTOFFE
Ausgabe 1/2014

Branchenreport ENERGIE & ROHSTOFFE Ausgabe 1/2014

Anja Schneider

Kernthesen

- Der Energieverbrauch in Deutschland verzeichnet seit 1990 im Trend eine rückläufige Tendenz.
- 2013 war er wegen der kühlen Temperaturen höher als im Vorjahr.
- Beim Primärenergieverbrauch sind Mineralöl, Erdgas und Steinkohle die Top 3.
- Der deutsche Stromverbrauch ist ebenfalls im Trend rückläufig.
- Bei der Stromerzeugung liegt die Braunkohleverstromung vor den

erneuerbaren Energien und der Steinkohle.
- Deutschlands fossile Energieversorgung ist stark importabhängig.
- Die USA hingegen werden dank Schieferöl und -gas zunehmend autark.

Beitrag

Energiemix in der deutschen Energieversorgung: Erdgas und Erneuerbare nehmen zu

Die Energieversorgung Deutschlands wird durch einen breiten Energiemix gesichert. Dabei kann der Energiebedarf zu nicht einmal einem Drittel aus heimischen Energiequellen gedeckt werden. Die inländische Energiegewinnung nahm 2013 gemäß Angaben der Arbeitsgemeinschaft Energiebilanzen um 2,4 Prozent ab, weil Steinkohle- und Braunkohleförderung und Erdgasgewinnung rückläufig waren. Die wichtigsten heimischen Energieträger sind die Braunkohle und die erneuerbaren Energien. Letztere verzeichneten im vergangenen Jahr ein Plus von fast fünf Prozent. Über 70 Prozent des deutschen Energiebedarfs wird aus dem Ausland importiert. Insgesamt ist weiterhin das

Mineralöl der wichtigste Energieträger für Deutschland, gefolgt vom Erdgas. [Abb. 1]

Kühle Temperaturen und wenig Sonne steigerten den Energieverbrauch im vergangenen Jahr um 2,5 Prozent auf 474,5 Millionen Tonnen Steinkohleeinheiten (Mio. t SKE). Die Deutschen verbrauchten mehr von den Wärmeenergien Mineralöl (Heizöl) und Erdgas. Die eher schwache Konjunktur wirkte hingegen verbrauchsdämpfend.

Erneuerbare Energien: Sie legten 2013 um fünf Prozent zu. Ihr Anteil am gesamten Energieverbrauch liegt jetzt bei 11,5 Prozent.
Kohle: Der Verbrauch an Braunkohle nahm wegen des Einsatzes neuer effizienter Kraftwerke um ein Prozent ab, Steinkohle legte um vier Prozent zu. Zusammen leistete die Kohle einen Beitrag von jeweils in etwa zwölf Prozent zum Primärenergieverbrauch.
Erdgas: Das Erdgas legte stark zu um 6,4 Prozent (Raumwärmebedarf: plus zwölf Prozent!) und trug mit gut 22 Prozent zum Gesamtverbrauch bei.
Mineralöl: Das Mineralöl blieb mit einem Anteil von über einem Drittel wichtigster Energieträger.
Kernenergie: Sie hatte 2013 nur noch einen Anteil von 7,6 Prozent am Gesamtprimärenergieverbrauch. (1)

Die Top Energieversorger

Die vier großen Stromversorger Deutschlands sind Eon, RWE, EnBW und Vattenfall. Sie erzeugen mittlerweile unter 70 Prozent des Stroms, also bereits deutlich weniger als noch vor ein paar Jahren.
Inmitten der Energiewende optimieren die Konzerne ihre Geschäftsmodelle, üben sich in Investitionszurückhaltung, bauen Personal ab und streben danach, die Verantwortung für die Atomkraftwerke loszuwerden (sprich an den Bund zu übertragen).
Insgesamt gibt es rund 900 Versorger, die meisten jedoch haben keine eigenen Kraftwerke und kaufen bei Konzernen oder an der Börse Strom. Es gibt mehr als 700 Gasversorger. Deutschlands größter Gasversorger ist bzw. war Eon Ruhrgas. Seit dem 1. Mai 2013 gibt es das deutsche Traditionsunternehmen nicht mehr. Es wurde mit der Stromhandelstochter zur neuen Sparte Eon Global Commodity verschmolzen. Das Geschäftsmodell war längst nicht mehr zeitgemäß, die überteuerten langfristigen Lieferverträge mit der russischen Gazprom unrentabel.
Die Top-5-Energieversorger Europas sind die deutsche Eon (Umsatz 2013: 122,45 Milliarden Euro, minus sieben Prozent; auch Gewinnrückgang), die italienischen Versorger Eni und Enel, die französische GDF Suez und die deutsche RWE (Umsatz 2013: 54,1 Milliarden Euro; Nettoverlust). Der weltgrößte Gaskonzern ist die russische Gazprom. (2), (3), (4),

[Abb. 2]

Wichtige Segmente der Energie- und Rohstoffwirtschaft im Einzelnen

Strom

Der Bruttostromverbrauch von Industrie, Handel, Gewerbe, privaten Haushalten, Verkehr und öffentlichen Einrichtungen sank im vergangenen Jahr erneut um mehr als ein Prozent auf knapp 528 Milliarden Kilowattstunden. Die Bruttostromerzeugung nahm 2013 nochmal leicht zu um ein halbes Prozent auf über 633,6 Milliarden Kilowattstunden. Wichtigster Energieträger für die inländische Stromerzeugung blieb die Braunkohle mit einem Anteil von 25,6 Prozent. Die erneuerbaren Energien steigerten ihren Anteil von 22,8 Prozent auf knapp 24 Prozent. Die Steinkohle weitete ihren Anteil an der Stromerzeugung auf 19,6 Prozent aus. Kernenergie verringerte ihren Anteil auf 15,4 Prozent, Erdgas reduzierte seinen Anteil von 12,1 Prozent auf 10,5 Prozent. [Abb. 3]

Die Strompreise stiegen auch 2013 für Haushalte, gewerbliche Abnehmer und (etwas weniger) Industriekunden. Im laufenden Jahr 2014 machen Steuern, Abgaben und Umlagen vor allem infolge der

Erhöhung der EEG-Umlage erstmals mehr als die Hälfte des Strompreises aus. Gegenüber 1998 haben sich die Steuern und Abgaben am Strompreis 2013 mehr als verdreifacht. (1)

Erdgas

2013 war ein kühles Jahr, daher heizten die deutschen Haushalte, Gewerbe- und Dienstleistungsunternehmen kräftiger. Der Bedarf für Raumwärme erhöhte sich um fast zwölf Prozent. Es sind immer mehr Erdgasheizungen im Einsatz (rd. 49 Prozent beim Bestand, rd. 50 Prozent beim Neubau). Die Erdgasnachfrage der Industrie stieg nur leicht an. In den Kraftwerken wurde deutlich weniger Erdgas gebraucht. Unterm Strich nahm der Anteil von Erdgas am gesamten Primärenergieverbrauch um 6,2 Prozent und damit verglichen mit 2012 deutlich zu. Sein Anteil am Primärenergieverbrauch Deutschlands beträgt 22,3 Prozent. Der Großteil des in Deutschland verbrauchten Erdgases wird über Pipelines angeliefert und zwar aus Russland, Norwegen und den Niederlanden. (1)
Schiefergas lautet weiterhin das Zauberwort der globalen Gasbranche. Die Welt blickt neidvoll in die USA: Die Vereinigten Staaten sind international an die Spitze der erdgas- und erdölfördernden Länder aufgerückt, dem Ziel einer importunabhängigen Energieversorgung näher gekommen. Der Gaspreis ist drastisch gesunken und beträgt in etwa ein Viertel

des europäischen Preises. Infolgedessen hat die amerikanische Industrie kräftig an Fahrt aufgenommen. Viele Länder prüfen derzeit ihre Schiefergasvorkommen. Voraussichtlich werden sich bald weitere Förderer zu den Amerikanern gesellen, beispielsweise die Chinesen. Sogar Afrika könnte zum Gaslieferant aufsteigen. Europa und speziell Deutschland sind hingegen zurückhaltend; zu groß sind hierzulande die Bedenken gegen die Fördermethode des Frackings. Der Anteil von verflüssigtem Erdgas (LNG) wird auf den Weltmärkten weiter zunehmen. Insbesondere seine Bedeutung im Transportsektor wird stärker. Die traditionelle Bindung des Gaspreises an den Ölpreis löst sich immer mehr auf. (5)

Steinkohle und Braunkohle

Steinkohle: Sie leistet weiterhin den drittgrößten Beitrag zur Deckung des Primärenergieverbrauchs (12,8 Prozent) und in der Stromerzeugung (19,6 Prozent). Der Verbrauch an Steinkohle erhöhte sich im vergangenen Jahr um vier Prozent auf nicht ganz 61 Mio. t SKE. Die Stahlindustrie brauchte konjunkturbedingt weniger Koks und Kokskohle, die Nachfrage der Kraftwerke zur Stromerzeugung und des Wärmemarkts war hingegen höher als im Jahr zuvor. Die heimische Steinkohleförderung geht planmäßig zurück. Aktuell sind in Deutschland noch drei Steinkohlebergwerke in Betrieb (Prosper Haniel in Bottrop, Auguste Victoria in Marl und Ibbenbüren). Weil die eigene Förderung kontinuierlich zurückgeht, muss Deutschland kräftig importieren. Das meiste kam 2013 aus Russland (27 Prozent), den USA (22 Prozent) und Kolumbien (16,4 Prozent).**Braunkohle**: Der Primärenergieverbrauch an Braunkohle lag mit 55,5 Mio. t SKE um gut ein Prozent unter dem Niveau des Vorjahres. Die Braunkohle sichert fast zwölf Prozent des deutschen Energiebedarfs. Jede vierte Kilowattstunde Strom, die in Deutschland verbraucht wird, stammt aus Braunkohle. Das beschert den Versorgern RWE und Vattenfall jeweils rund eine Milliarde Euro Gewinn. Der Braunkohlebedarf kann komplett aus dem heimischen Bergbau gedeckt werden (Rheinland, Lausitz, Mitteldeutschland, Helmstedt). Die Braunkohle ist mit einer Jahresförderung von knapp 183 Millionen Tonnen der wichtigste heimische Energieträger. Allerdings sind ihr die Erneuerbaren Energien auf den Fersen. Die Zahl der Beschäftigten lag Ende 2013 in der deutschen Braunkohlenindustrie mit 22 082 um 342 unter dem Vorjahresniveau. (6), (7)

Mineralöl

Der Mineralölverbrauch in Deutschland erhöhte sich 2013 infolge der Absatzsteigerungen beim Heizöl um 2,2 Prozent auf rund 158 Mio. t SKE. Rückläufig waren der Verbrauch von schwerem Heizöl (minus sieben Prozent) und Flugkraftstoffen (minus zwei Prozent),

gestiegen sind leichtes Heizöl (plus 5,6 Prozent) und Dieselkraftstoffen (+zwei Prozent). Der Absatz von Ottokraftstoff war stabil. Auch wenn in jüngster Zeit die Suche und Förderung von Öl auf heimischem Boden vorangetrieben wird, trägt die inländische Mineralölförderung nur etwas über drei Prozent zum Aufkommen der deutschen Energieressourcen bei. Deutschlands wichtigster Energieträger muss also fast vollständig aus dem Ausland importiert werden. Die wichtigsten Lieferländer für Rohöl waren erneut Russland (Anteil 38 Prozent) gefolgt von Norwegen (zwölf Prozent) und Großbritannien (zehn Prozent). Weitere wichtige Öllieferländer waren Nigeria, Libyen und Kasachstan.
Die internationalen und nationalen Ölpreise zeigten 2013 eine stabile bis schwach sinkende Tendenz. (6)
Zu den weltweit führenden westlichen börsennotierten Ölkonzernen zählen Exxon (USA), Shell (NL/GB), Chevron (USA), BP (GB) und Total (F). Zieht man die vorhandenen Öl- und Gasreserven ins Kalkül, sind auch die Staatskonzerne National Iranian Oil, Saudi-Arabian Oil, Qatar General Petroleum, Iraq National Oil, Petroleos de Venezuela im Ölgeschäft dabei. Hinzu kommen die chinesischen Konzerne Petrochina und CNOOC und die russischen Erdölproduzenten wie Lukoil und Rosneft. Die westlichen Ölgiganten wie Exxon Mobil, der weltgrößte Ölkonzern, und Shell, Europas größter Öl- und Gaskonzern, haben zu kämpfen. Schwache

Nachfrage, üppiges Erdgasangebot und die wachsende Konkurrenz durch staatliche Ölkonzerne lassen ihre Gewinne schrumpfen. Den europäischen Ölkonzernen macht zudem die Entwicklung in den USA zu schaffen: Die Amerikaner importieren weniger Benzin, weil sie die Förderung von Schieferöl und -gas vorangetrieben haben. (8), (9)

Kernenergie

Seit dem deutschen Atommoratorium vom 14. März 2011 ist die Stromerzeugung aus Kernenergie rückläufig. 2013 erzeugten die neun am Netz verbliebenen Kernkraftwerke 15,4 Prozent des deutschen Bruttostroms. Die Kernkraft rangiert damit in der Stromerzeugung nur noch auf Rang vier hinter der Braunkohle, den erneuerbaren Energien und der Steinkohle. Eon, RWE und EnBW wollen den Restbetrieb und Abriss der deutschen Kernkraftwerke sowie die Atommüll-Endlagerung in eine Bundesstiftung einbringen und somit die Verantwortung dem Bund, also den Steuerzahlern, übertragen und im Gegenzug ihre Schadensersatzklagen zurückziehen. (6), (10)

Erneuerbare Energien

Die erneuerbaren Energien legten 2013 erneut zu. Die Nutzung der regenerativen Ressourcen stieg um 4,7 Prozent auf knapp 55 Mio. t SKE. Ihr Anteil am gesamten Primärenergieverbrauch stieg leicht von

11,3 auf 11,5 Prozent. Der wichtigste erneuerbare Energieträger in der regenerativen Stromerzeugung ist die Biomasse. Bei der Stromerzeugung aus regenerativen Energien liegt sie mit einem Anteil von 57 Prozent absolut an der Spitze. Mit großem Abstand folgt die Windenergie an Land (18,8 Prozent), dahinter die Photovoltaik (10,8 Prozent). 2013 war ein gutes Jahr für Strom aus Sonne, sie legte um fast 14 Prozent zu (Biomasse: plus 8,0 Prozent, Windstrom offshore: plus 34 Prozent, Windstrom onshore: plus fünf Prozent). Die Novelle des Erneuerbare-Energien-Gesetzes absolvierte Anfang Mai die erste Lesung im Parlament und wurde von den Oppositionsparteien heftig kritisiert. (11)
Im ersten Quartal 2014 haben die erneuerbaren Energien einen Anteil von 27 Prozent an der Stromerzeugung und somit einen neuen Rekordwert erreicht (im ersten Quartal 2013 waren es noch 23 Prozent). Einen besonders hohen Anstieg des Anteils am Stromerzeugungsmix erreichte im ersten Quartal die Photovoltaik; sie legte um fast 70 Prozent zu. Die Windkraft stieg moderat um 19 Prozent. (12)

In der **Windenergie**-Branche arbeiten etwa 100 000 Menschen. Im vergangenen Jahr schritt der Ausbau der Windenergieanlagen fort: 1 145 Windenergieanlagen (im Vorjahr: 998) wurden laut Bundesverband Windenergie neu installiert; damit standen 2013 in Deutschland 23 645 Windräder mit einer installierten Leistung von 33 729 Megawatt (im Vorjahr: 22 907 Windräder / 22 907 MW). Nach einer Zeit voller Verunsicherung schaut die deutsche Windenergiebranche wieder zuversichtlicher in die Zukunft. Anfang April haben sich Bundesregierung und Bundesländer auf die Ausbauziele bei den erneuerbaren Energien geeinigt. In Europa entwickelt sich der spanische Windanlagenmarkt schwach, die Märkte in Nordeuropa und Großbritannien hingegen gut. Der erwartete Einbruch des amerikanischen Windmarkts ist 2013 eingetreten (minus 90 Prozent!). Der US-Kongress hatte sich 2012 auf keine Verlängerung der Production Tax Credit-Regelung, einer wichtigen Steuergutschrift für Windmüller, einigen können. China, mittlerweile größter Windmarkt, baut weiterhin Windanlagen auf, allerdings mangelt es derzeit an Netzanschlüssen. In Europa fassen die chinesischen Hersteller noch nicht in großem Stile Fuß. Führender deutscher Windturbinenhersteller ist die ostfriesische Enercon; er zählt auch zur Weltspitze. Der weltgrößte Windturbinenhersteller ist die dänische Vestas (Umsatz 2013: 6,1 Milliarden Euro), gefolgt von den chinesischen Anbietern Sinovel und Goldwind. (13), (14), (15)

In der **Solarbranche** arbeiteten nach Angaben des Bundesverbandes für Solarwirtschaft (BSW) 2013 rund 60 000 Mitarbeiter bei etwa 10 000 Unternehmen (davon 350 Produzenten). Insgesamt sind auf deutschen Dächern und Fassaden rund 3,3 Millionen Solaranlagen für Strom und. Wärme installiert. Der Photovoltaik-Anteil am deutschen Stromverbrauch lag zuletzt bei rund fünf Prozent. Die Branche plant einen Anstieg auf zehn Prozent bis zum Jahr 2020. Der Solarthermie-Anteil am deutschen Stromverbrauch liegt derzeit noch unter einem Prozent. Die Branche plant einen Anstieg auf acht Prozent bis zum Jahr 2030. In den beiden vergangenen Jahren vollzog sich in der deutschen Solarbranche eine kräftige Konsolidierung. Viele Unternehmen meldeten Verluste, Insolvenzen mehrten sich, ausländische Käufer übernahmen die deutschen Firmen ganz oder teilweise. Das Ruder im Geschäft mit der Sonne übernahmen die deutlich billigeren Anbieter aus Asien. Doch auch die chinesischen Hersteller kamen nicht ungeschoren davon; so etwa meldete der weltweit größte chinesische Solaranlagenhersteller Suntech im März 2013 Zahlungsunfähigkeit (wurde von Wettbewerber Shunfeng übernommen). Inzwischen bessert sich die Lage der Branche. Die weltweite Nachfrage zieht an. Hersteller, Solarzulieferer und Projektierer melden Auftragseingänge, es sieht nach Aufschwung aus. Die Analysten sind positiv: Das kalifornische Marktforschungsunternehmen Solarbuzz schätzt, dass die weltweite Modulnachfrage 2014 auf 45 bis 55 Gigawatt klettern wird; das wäre fast ein Drittel mehr als 2013. Der US-Marktforscher IHS rechnet für 2014 mit einem Zubau von 41 Gigawatt, was immer noch ein Plus von 18 Prozent bedeuten würde. Analysten der Deutschen Bank Market Research erwarten für 2014 und 2015 einen starken globalen Wachstumsmarkt. Während sie für 2014 einen weltweiten Zubau von 46 Gigawatt prognostizieren, soll der Weltmarkt 2015 sogar auf 56 Gigawatt steigen, nach 36 Gigawatt 2013. (16), (17), (18)

Weitere Wirtschaftsräume

Bemerkenswert ist der Wandel der **USA**. Infolge des Abbaus unkonventioneller Vorkommen sind sie zum größten Gasförderer aufgestiegen. Das Gas ist vergleichsweise günstig, davon profitiert die amerikanische Wirtschaft. Auch amerikanische Kohle ist günstig, allerdings wird sie auf dem heimischen Markt momentan immer weniger gebraucht und so wird sie exportiert. Die Branche rechnet auch damit, dass in nicht allzu ferner Zeit das amerikanische Gas exportiert wird und dann auf den Weltmarkt gelangt. Auf der anderen Seite müssen die USA immer weniger Öl importieren. Dies wiederum beeinflusst die Haltung der amerikanischen Politik.
Parallel arbeitet **China** an seinem Aufstieg zur Ökostrommacht. Nach einem vorübergehenden Einbruch mit Überkapazitäten, Strafzöllen,

Preisverfall, Gewinneinbrüchen und Insolvenzen ist jetzt wieder von einem Boom in allen Bereichen die Rede. Auch wenn die Konsolidierung unter den Anbietern noch nicht ganz abgeschlossen ist, wird in diesem Jahr sowohl bei Wasser, Wind und Sonne wieder kräftig zugebaut. (18)

Trends

BP Energy Outlook 2035:
Der von BP jährlich aktualisierte BP Energy Outlook sieht unter anderem folgende Trends auf dem globalen Energiemarkt bis zum Jahr 2035: Der globale Energieverbrauch wird zwischen 2012 und 2035 um 41 Prozent wachsen. Hauptverantwortlich für die Nachfragesteigerung sind die Schwellenländer (China, Indien). Der Energieeinsatz in den etablierten Märkten in Amerika, Europa und Asien wird sich insgesamt nur sehr mäßig erhöhen. Die Anteile der wichtigsten fossilen Energieträger am Energieträgermix werden sich immer weiter annähern und für Öl, Erdgas und Kohle bis 2035 jeweils rund 27 Prozent ausmachen. Die restlichen Anteile entfallen auf Atomenergie, Wasserkraft und Erneuerbare Energien, die jeweils einen Marktanteil zwischen fünf und sieben Prozent erreichen. (19)

World Energy Outlook 2013:
Der World Energy Outlook 2013 der Internationalen

Energieagentur (IEA) prognostiziert, dass der globale Energiebedarf bis zum Jahr 2035 um rund ein Drittel zunehmen wird. Heute liegt der Anteil fossiler Energien global bei 82 Prozent. Im Jahr 2035 wird er noch immer 76 Prozent betragen. Wahrscheinlich ist ein globaler Temperaturanstieg um 3,6 Grad Celsius. Der amerikanische Boom von Schiefergas und Ölsanden werde spätestens Ende der 2020er Jahre wieder vorüber sein. (20)

Zahlen & Fakten

Abbildung 1: Breiter Energiemix

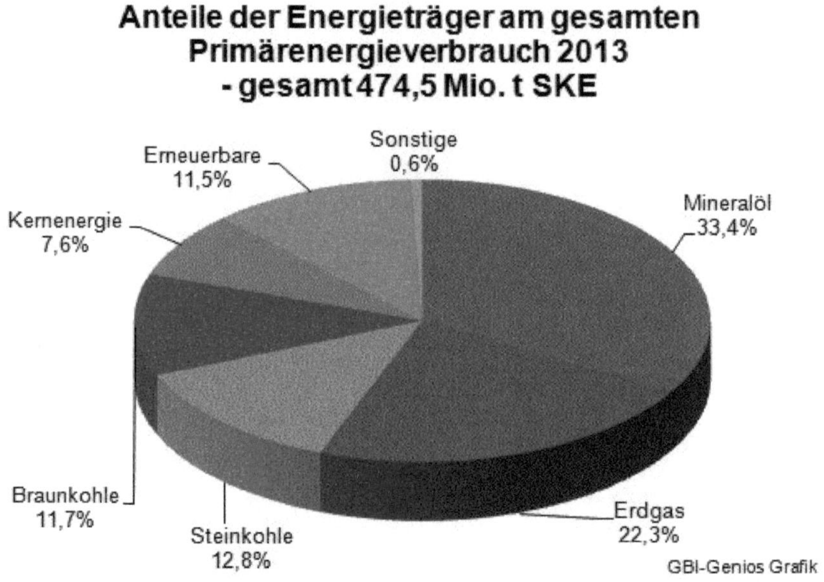

Quelle: Arbeitsgemeinschaft Energiebilanzen
Entnommen aus: AGEB AG Energiebilanzen e.V., Primärenergieverbrauch, Jahr 2013 (1)

Abbildung 2: Top 10 Energieunternehmen Europas nach Umsatz 2012

Rang	Unternehmen	Umsatz 2012 in Mrd. Euro	Nettogewinn-marge 2012 in Prozent	Stromverkauf 2012 in Terrawatts[t] (TWh)
1	E.ON AG	132	1,68	740
2	Eni	129	6,12	42,6

3	Enel	85	1,05	316
4	GDF Suez	82	1,60	201
5	RWE Aktiengesellschaft	53,2	2,76	278
6	Iberdrola	34,2	8,31	210,6
7	Gas Natural Fenosa	25	5,79	55,9
8	Gasterra *	23,4	0,15	0
9	Vattenfall	19,5	10,12	202,3
10	CEZ Group	8,6	19,26	41,7
	Gesamt	591,9		2088,1

* Reiner Gasversorger.

Quelle: Bundesverband der Energie- und Wasserwirtschaft (BDEW), Unternehmen Entnommen aus: Handelsblatt, 11.10.2013, S. 7 (2)

Abbildung 3: Bruttostromerzeugung in Deutschland nach Energieträgern 2013

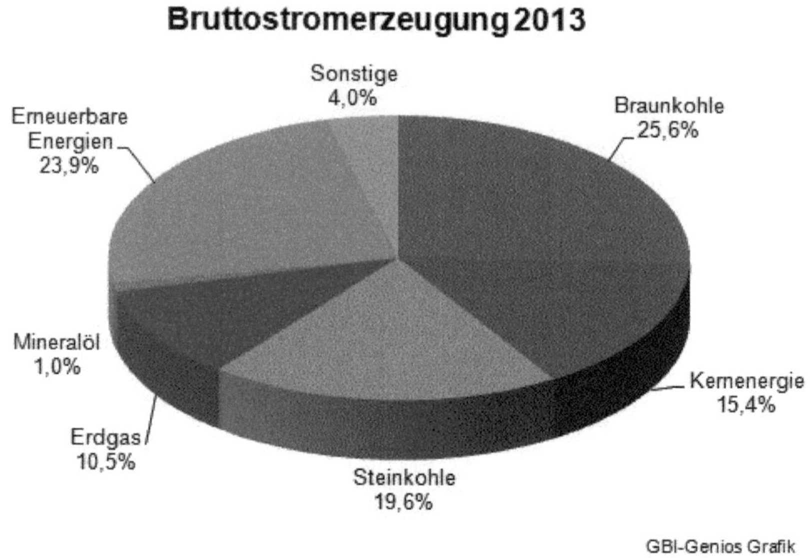

Quelle: Bundesministerium für Wirtschaft und Technologie; Bundesverband der Energie- und Wasserwirtschaft e.V.; Statistik der Kohlenwirtschaft e.V. Entnommen aus: AGEB, Energieverbrauch in Deutschland im Jahr 2013 (6)

Weiterführende Literatur

(1) Witterung treibt Energieverbrauch. AG Energiebilanzen legt detaillierte Berechnungen für 2013 vor
aus www.process.de vom 01.02.2013

(2) Europa: Top 10 Energieunternehmen 2012

aus Handelsblatt, 11.10.2013, S. 7

(3) Eon sieht sich auf Kurs
aus www.powernews.org Meldung vom 12.03.2014 - 15:07

(4) RWE kämpft mit schwieriger Ertragslage – erster Nettoverlust seit 60 Jahren
aus Erdöl Erdgas Kohle, Heft 04/2014, S. 114

(5) Erdgas - Ist Schiefergasförderung mit Fracking ein Irrweg auf dem Weg zur nachhaltigen Energieversorgung?
aus GENIOS BranchenWissen Nr. 04 vom 03.04.2014

(6) Langer Winter steigert die Energienachfrage im Jahr 2013
aus GENIOS BranchenWissen Nr. 04 vom 03.04.2014

(7) Braunkohleverstromung: Milliardengewinne auf Kosten des Klimas
aus WIRTSCHAFTS-INFORMATIONS-DIENST ENERGIE vom 17.April 2014

(8) Erdöl - Keine Knappheit in Sicht
aus GENIOS BranchenWissen Nr. 03 vom 17.03.2014

(9) Abschied von der alten Größe
aus Handelsblatt Nr. 022 vom 31.01.2014 Seite 024

(10) Konzerne wollen finanzielle Kernenergie-Risiken sozialisieren
aus www.powernews.org Meldung vom 12.05.2014 -

09:49

(11) Parlament streitet über EEG-Reform
aus www.powernews.org Meldung vom 08.05.2014 - 14:20

(12) Erneuerbaren-Anteil auf dem höchsten Stand
aus energate vom 09.05.2014

(13) Enercon im Jubiläumsjahr vor neuem Höhenflug
aus www.powernews.org Meldung vom 14.04.2014 - 16:50

(14) Die Hausaufgaben gemacht
aus www.powernews.org Meldung vom 14.04.2014 - 16:50

(15) Windkraft: Milliardenpläne begraben Branche nach Öko-Stromreform zwar wieder zuversichtlicher - Kürzungspläne vermiesen Herstellern aber bundesweit das Geschäft
aus Schweriner Volkszeitung vom 07.05.2014, S. 15

(16) Daten und Infos zur deutschen Solarbranche
aus Schweriner Volkszeitung vom 07.05.2014, S. 15

(17) Neuer Schwung
aus neue energie, Heft 1/2014, S. 74

(18) Höhenflug für Erneuerbare
aus neue energie, Heft 4/2014, S. 76

(19) WELT Fossile Energieträger dominieren auch noch 2035 – BP stellt Energy Outlook 2035 vor

aus Erdöl Erdgas Kohle, Heft 02/2014, S. 50

(20) Temperaturanstieg um 3,6 Grad Celsius erwartet
aus neue energie, Heft 12/2013, S. 10

Impressum

Branchenreport ENERGIE & ROHSTOFFE Ausgabe 1/2014

Bibliografische Information der deutschen Nationalbibliothek

Die Deutsche Nationalbibliothek verzeichnet diese Publikation in der deutschen Nationalbibliografie; detaillierte bibliografische Daten sind im Internet über http://dnb.d-nb.de abrufbar.

ISBN: 978-3-7379-5661-1

oder ähnliche Einrichtungen und die Einspeicherung und Verarbeitung in elektronischen Systemen.